AF509370

DISCOVRS

ESPOVVENTABLE

DE L'HORRIBLE TREM-

BLEMENT DE TERRE AD-
uenu és villes de Tours, Orleans &
Chartres, le Lundi xxvj. iour de
Ianuier, dernier passé, 1 5 7 9.

22.

A PARIS,
Par Iean d'Ongoys, en la rue du bon
Puits, pres la porte S.
Victor.

AVEC PRIVILEGE DV ROY.

24.

DISCOVRS ESPOV-
VENTABLE, DE L'HORRI-
ble tremblement de terre, aduenu és Villes de Tours,
Orleans, & Chartres, le
lundi xxvj. iour de
Ianuier, dernier
paſſé, 1579.

A bốté & miſe ricorde de Dieu eſt ſi grande que iamais elle ne punit aucũ l'ayant offencé que premieremét elle ne luy ten-de la main, appelle, admoneſte & conuie de retourner vers ſa cle-

A ij

mence & pieté, ſoit par douceurs
(que ſouuent nous negligeons)
par maladies ou autres afflictions
autant peſantes, & bien ſouuent
par ſignes & prodiges, aduan-
coureurs de ſa Iuſtice, à celle fin
que recourans à ſa benigne om-
nipotence il ſoit quaſi autant
prompt à nous pardonner, que
nous à luy requerir ſa grace &
mercy : En ce monſtrant vne
ſuperabondance d'amour pater-
nelle.

Celà ont bien experimenté les
Niniuites, admoneſtez par le Pro-
phete Ionas, leſquels encor que
fort coulpables, recourans par-
ieuſnes & oraiſons à la ſouerai-
ne Maieſté, ont trouué vn Dieu
miſericordieux & debonnaire.

Les Iuifs en la miſerable Ieru-

falem n'ont fait le femblable, par
ce que demeurans enfeuelis en
leurs pechez, nuls aduertiffemens
a eux enuoyez de la hault les ont
peu induire ou à requerir mifericorde & moins à penitéce: cœurs
vrayement Pharaoniques, auffi
comme luy (à ce admoneftez auparauant) ont efté prefque tous
fubmergez en vne mer rouge, en-
gloutiffement de leurs pechez.
Pourquoy n'auoyent ils merité
ce qui leur fucceda, puis que admoneftez par la parolle de l'in-
nocent d'iuin, leur predifant mal
heur aduenir, ils n'y voulurent
aucunement entendre? Vraye-
mét cela eftoit plus que fuffifant
fils euffent voulu congnoiftre
celuy qui les admoneftoit, afin
qu'ils euitaffent le malheur que

depuis leur aduint: Mais negli-
geans la presciéce diuine, de plus
en plus leur fut graue & pesant
leur peché. Pourroyét ils se des-
coulper de l'aduertissement de
ceste immense misericorde? Ne
leur fut-il enuoyé à pleine veuë
vn aduancoureur ou pour les at-
tirer à penitence, ou pour leur
presager vn insigne mal-heur?
Ce fut la Comette en façon de
glaiue, laquelle par vn an entier
(sans aucune contrition) ils o-
soyent libremét regarder, encor
que de droit rayon elle leur an-
nonceast ses effets sanguinolents.
A quoy pensoyent ils estans bié
auant en leurs miseres, quand ce
miserable & infortuné fils de Na-
nus leur donna par tant de iours
aduertissement de leur mes-ad-

uenture & totale ruyne?

Aufsi nous grandement enuelo-
pez és reths de peché, pourquoy
ne craignõs nous, à l'exemple de
plufieurs, les euenemés de tãt de
prodiges & fignes merueilleux
lefquels ordinairement fe prefen
tent à nos yeux, fans que (comme ceux de Hierufalem) peu de
nous fe foucient de tels aduertiffemens , vrayement meffagers
enuoyez de là haut par l'immen-
fe mifericorde, pour nous femõ-
dre à penitence, enfuiuant ces
Niniuites. Vne grande partie du
peuple eft maintenant fi desbor-
dee du fentier de verité & adon
nee à tant de fortes de vices,qu'il
femble proprement qu'ils au-
royét volontiers enuie de cruci-
fier Dieu vne autre fois. En quel

aage auſſi y a-il eu d'auantage
de guerres ciuiles, cherté de vi-
ures, charité plus abolie, meur-
tres, aſſaſinats, & larcins plus fre
qués que maintenát en nos iours?
Et qui en eſt cauſe? que nous cõ-
temnons les commandemens de
Dieu & faiſons tout au contraire, ne prenans garde aux remon-
ſtrances qui nous ſont faites ordi
nairement par ceux qui nous an-
noncent ſa ſaincte parolle, les
meſpriſans, & contemnans la Iuſtice.

Que peut-on penſer autre cho
ſe de la Comete qui nous eſt ap-
parue y a enuiron vn an, ſinon
que c'eſt quelque aduertiſſement
de Dieu pour nous induire à penitence? & nonobſtant on n'en
fait aucun eſtat, ſinon que philo-
ſophi-

sophiquemét on veut recercher
la cause de tels & autres prodiges : & plusieurs sont si osez que
dire celà estre naturel : non , non
C'est qu'il nous faut retourner
vers Dieu , auec vn cœur eon-
punct , & il nous regardera de
son œil de misericorde : Il ne de-
mande point nostre perdition ,
ains au contraire il nous aduise
de l'euiter , & deuons croire (có-
me aussi il est vray) qu'il nous
ayme : car celuy qui hait ne me-
nace point , ains execute son yre
le plustost qu'il peut, sans aduertissement ou menaces.

Ce qui est aduenu ces iours
passez à Tours , Orleans & Char
tres nous deuroit aussi de tát plus
inciter à deuotion & penitence,
& est chose bien necessaire estre

plus toſt diuulgué que teu , afin
que cela incite vn chacun à prier
Dieu pour le deſtourner d'execu
ter ſon yre & courroux à l'encon
tre de nous , dont il ſemble nous
vouloir menacer par les aduer-
tiſſemens qu'il nous enuoye.

Et eſt que Lundy vingt-ſixieſ-
me iour du mois de Ianuier , mil
cinq cens ſoixante & dix-neuf,
enuiron les ſept heures du matin
la ville de Tours commença à ſe
mouuoir par vn tremblement de
terre ſi horrible , qu'il n'y auoit
edifice pour grãd & peſant qu'il
fuſt, qui ne tremblaſt ſi fort que
l'on le voyoit à l'œil , & les per-
ſonnes ſentoyent la terre trem-
bler & ſe mouuoir ſoubs leurs
pieds.

Ce tremblemét dura quaſi vne

heure continuât par trois fortes
vehementes fecouſſes , la dernie-
re deſquelles fut la plus eſpou-
uentable , tellement que le peuple crioit miſericorde, & penſoit
pour vray eſtre à ceſte heure là
au dernier iour que le Sauueur
du monde viendra tenir ſon e-
quitable iuſtice.

C'eſtoit grand horreur que de
ouyr les lamétables crix & piteu-
ſes complaintes de ce pauure
peuple & deſolé : car les vns a-
lors ayans memoire de leurs fautes paſſees auoyent recours & de-
mandoyent l'interceſsion d'vn
Sainct , les autres d'vn autre , &
quelques vns demouroyét ſi per-
plex & eſtonnez que (paſles &
tranſis) ils demeuroyent immo-
biles & froids comme le marbre:

Il n'y auoit celuy à qui le cœur
ne tremblaſt & fremiſt de grand
frayeur, tellement que pluſieurs
en ſont demeurez au lit malades,
meſmes qui plus les eſpouuent
& donna terreur, fut qu'aucuns
viels edifices de long temps me-
naſſans ruyne, tomboyent : meſmes pluſieurs cheminees en diuers endroits.

Pluſieurs femmes enceintes
furent alors ſaiſies de douleurs
de mere, & aucunes d'icelles en-
fanterent quaſi tout à l'heure (&
prematurément) ſans aucun ſe-
cours.

Et tout ainſi qu'en vne ville aſ-
ſiegee d'ennemis, batue & eſton-
nee de la vehemence & furie du
canon porte-foudre, ainſi les vi-
tres de chaſque maiſon d'onoyét

congnoiſſance de leur tant eſtrã-
ge eſtonnement.

Apres que ceſt horrible tremblement fut paſſé, & qu'vn chacun commença à ſe r'aſſeurer, les
Egliſes eſtoyent ſi pleines que on
n'y pouuoit entrer, pour la grãd
multitude de peuple qui y eſtoit
rendans graces au Tout-puiſ-
fant de les auoir preſerué de pe-
ril ſi eminent.

Le l'endemain fut faite proceſsion generale, & y furent por-
tez en grande reuerence tous les
ſacrez reliquaires eſtans és Egliſes de ladite ville.

A ladite proceſsion aſsiſterent
fort deuotement, non ſeulemét
tous les habitans de la ville, voi-
re & les petits enfans, mais auſsi
tout le peuple des fauxbourgs &

de pluſieurs villages d'alentour.

Ladite proceſsion fut faite en grande ſollemnité, auec vn cœur contrit de tous les aſsiſtás, la plus grand partie deſquels plouroyēt fort amerement. Il y auoit plus de trois cens perſones veſtus d'vn linge blanc tout ſimple pardeſſus la chair nue, marchás à pieds nuds, les vns chargez d'vne forte & maſſiue piece de bois, & les autres d'vne poiſante barre de fer, crians miſericorde.

Il ne pourroit eſtre aucun tant fuſt il dur & cruel, qui n'euſt eu grande compaſſion de voir ces pauures citoyens demandans miſericorde à Dieu, auec vne telle contrition & repentance.

La proceſſion eſtant acheuee & la meſſe, leur fut fait vn ſermon fort fructueux & plain de beaux enseignemens, pour les induire à fuir les vices, & mieux seruir Dieu que par le passé, gardant ses saincts commandemens.

Le mesme iour & heure semblable tremblement est aduenu en la ville d'Orleans, bien aussi violent comme à Tours, durant lequel y auroit eu en plusieurs caues les fondemens desroquez, & pensoyent aussi pour vray les habitãs que ce deut estre là leur dernier iour.

Ils ont fait aussi plusieurs processiõs & deuotes prieres à Dieu, à celle fin qu'il luy pleust mitiguer son yre, & les regarder de son œil misericordieux.

Plusieurs diceux ont voué des pelerinages en diuers saints lieux

deſquelsde iour en iour ils ſ'aquit
tent le plus deuotieuſement que
faire ſe peut.

Non ſeulement en ces deux
endroits la preſcience diuine a
voulu monſtrer ſes admirables
puiſſances, mais auſſi en la Cité
de Chartres, en laquelle eſt ba-
ſtie, auparauant qu'en ce monde ſa Maieſté omnipotente euſt
daigné prendre chair humaine
pour la redemption de nous pe-
cheurs, indignes de telle miſericorde, ceſte ſumptueuſe Egliſe
en ce temps dediee à la vierge qui
enfanteroit : là où le tremblement a eſté auſſi bié grand, mais
non pourtant tel & ſi effroyable
qu'eſdites Citez de Tours & Orleans, ou l'eſpouuentement a e-
ſte plus grand qu'en icelle.

Celà

Gelà a fait vn grand espouuë-
tement au peuple de ces trois vil
les, mais bien aussi grand a esté
celuy adenu és villes de Poitiers,
la Haye en Touraine & à Bor-
deaux, ou tel & pareil tremble-
terre est aduenu, enquoy nous
pouuons aisément coniecturer
que ce sont aduertissemens de
nostre bon Dieu pour nous induire à penitence.

A Blois aussi y a eu semblable tremblement, & d'auantage
soit que ce tremblement l'ait cau
sé ou non, la riuiere de Loire a
emporte vne grande partie des
faulxbourgs.

Cela, Chrestiens, deuroit don-
ner autant de frayeur à ceux qui
en estoient absens, comme à ceux
mesmes qui y estoyent, & nous

faire cognoiſtre d'auantage que
treſgráde eſt la puiſſáce de Dieu,
& bien faire pendant qu'en auós
le moyẽ, & non dire comme aucuns, qui pour ſ'enrichir de cho-
ſes temporelles, diſent eſtre beſoing enuoyer Dieu ſix ou ſept
ans en Galilee, & puis la bource
eſtant pleine le reuoquer d'exil,
& ce pendant ſi vous choppez
vous tóberez vn beau ſault, auec
ce que touſiours eſt beſoing re-
ſtituer le mal acquis & faire penitence du peché, & ne ſçauons
ſi nous aurons le loiſir d'y entendre, par-ce que les Anges meſmes
ne ſçauent point quand l'heure
aduiendra. Ce tremblement n'eſt
autre choſe qu'vn aduertiſſemét
pour nous tirer à penitence, car
encor que noz Philoſophes fa-

cent cela naturel, & que c’eſt vne
exhalation chaude & ſeche eſtát
és entrailles & profondité de la
terre, y engendree de ſoymeſme
ou bien d’ailleurs y eſtant pouſ-
ſee, & que cherchant yſſue pour
aller au lieu de ſon ordinaire, par
ſa violence elle rompe la terre, &
la contraigne par ſa vehemence à
vn tel mouuement : ſi eſt-ce tou-
tesfois que bien peu ſouuent a-
on veu tremblement de terre que
quelque calamité, comme guer-
re, famine ou peſte ne ſ’en enſui-
uiſt. Voyons ſi celuy aduenu à
Ferrare en l’an 1570. n’a vomy
ſur la terre aucune malediction
ou fleau, de ceux que Dieu enuoye pour la punition des hu-
mains. Pluſieurs veullent dire
que la peſte táx cruelle peu apres

aduenue à Venife , & laquelle
auroit quafi renouuellé tout vn
peuple en cefte cité, n'eft proce-
dee que de quelque mauuaife va-
peur que peuft auoir mis en l'air
ce tremblement de Ferrare. Ie
concluray donc que ces trem-
blemens ne font autre chofe que
vn aduertiffement de nous re-
concilier à Dieu, & faire penitence de nos fautes paffees, amendât
noftre façon de viure.

F I N.

EXTRAICT DV PRIVILEGE.

Ie soubs signé Docteur en Theologie & Curé de l'Eglise parrociale de sainct Iean en Greue, certifie ce petit discours ne contenir aucune chose repugnant à la pieté Chrestienne, ains pluſtoſt eſtre digne d'eſtre imprimé pour le temps qui court, afin d'inciter le peuple à seruir Dieu , pour le deſtourner d'executer son yre & courroux allencontre de nous, dõt il semble nous vouloir menacer par les signes & prodiges mentionnez audit discours, supposé la verité d'iceux. Ce dernier Ianuier, 1579.   Ainſi signé

I. Heruy.

IL est permis à Iean d'Ongoys, Imprimeur
à Paris, d'imprimer & mettre en vente vn
petit liure intitulé *Discours espouuentable de l'horrible trēblemēt de terre aduenu es villes de Tours, etc.*
Et est deffendu à tous autres Imprimeurs &
Libraires de non imprimer & vendre desdits
liures, sinon de ceux que ledit d'Ongoys auroit imprimé, sur les peines contenues audit
priuilege donné à Paris le 29. iour de Ianuier,
1579.   Ainsi signé

DE VILLEMONTEE.

SEGVIER.

www.ingramcontent.com/pod-product-compliance
Lightning Source LLC
LaVergne TN
LVHW012126170726
843501LV00008BC/3040